쑥쑥 급수한자 쓰기노트

8급

허은지 · 박진미 공저

J PLUS

校 학교 교	教 가르칠 교	九 아홉 구	國 나라 국	軍 군사 군	金 쇠 금 / 성 김
南 남녘 남	女 여자 녀(여)	年 해 년	大 큰 대	東 동녘 동	六 여섯 륙(육)
萬 일만 만	母 어미 모	木 나무 목	門 문 문	民 백성 민	白 흰 백
父 아비 부	北 북녘 북	四 넉 사	山 메 산	三 석 삼	生 날 생
西 서녘 서	先 먼저 선	小 작을 소	水 물 수	室 집 실	十 열 십
五 다섯 오	王 임금 왕	外 바깥 외	月 달 월	二 두 이	人 사람 인
一 한 일	日 날 일	長 길 / 어른 장	弟 아우 제	中 가운데 중	靑 푸를 청
寸 마디 촌	七 일곱 칠	土 흙 토	八 여덟 팔	學 배울 학	韓 나라 / 한국 한
兄 형 형	火 불 화				

🐻 차례

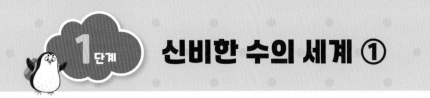

신비한 수의 세계 ①

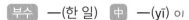

부수 一(한 일)   中 一(yī) 이

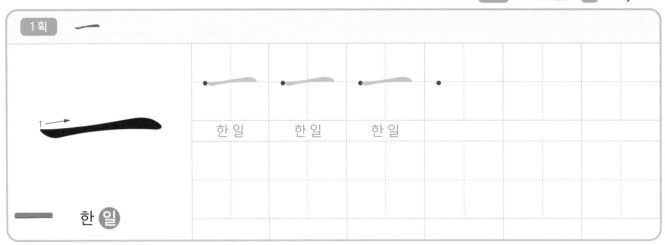

1획   一

한 일   한 일   한 일

一   한 **일**

📖 · 第一(제일) : 여러 가지 중 가장

부수 二(두 이)   中 二(èr) 얼

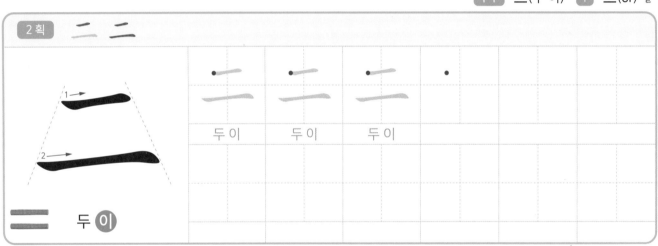

2획   二 二

두 이   두 이   두 이

二   두 **이**

📖 · 二學年(이학년) : 학교의 둘째 학년

부수 一(한 일)   中 三(sān) 싼

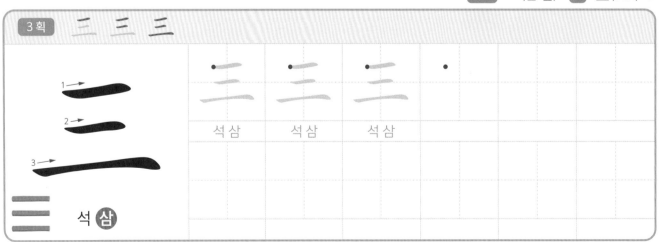

3획   三 三 三

석 삼   석 삼   석 삼

三   석 **삼**

📖 · 外三寸(외삼촌) : 어머니의 남자 형제

자 읽기

📅 　월　　일

수 口(큰입구몸)　中 四(sì) 쓰

5획 四 四 四 四 四

四 四 四 ·
넉 사　넉 사　넉 사

넉 **사**

📖 · 四季節(사계절) : 봄, 여름, 가을, 겨울 네 가지 계절

부수 二(두 이)　中 五(wǔ) 우

4획 五 五 五 五

五 五 五 ·
다섯 오　다섯 오　다섯 오

다섯 **오**

📖 · 五感(오감) : 다섯 가지의 감각

부수 寸(마디 촌)　中 寸(cùn) 춘

3획 寸 寸 寸

寸 寸 寸 ·
마디 촌　마디 촌　마디 촌

마디 **촌**

📖 · 三寸(삼촌) : 결혼하지 않은 아버지의 형이나 남동생

단계 | 一二三四五寸　**5**

1 주어진 훈(뜻) 음(소리)에 맞는 한자를 고르세요.

❶
석삼

王 三 玉

❷
한 일

日 二 一

❸
마디 촌

十 寸 才

❹
다섯 오

五 丑 正

❺
두 이

刂 工 二

❻
넉 사

西 酉 四

2 다음 그림을 보고 연상되는 한자의 훈(뜻)과 음(소리)을 쓰세요.

❶ 눕혀 놓은 막대기 한 개를 그린 모양

훈   음

❷ 눕혀 놓은 막대기 두 개를 그린 모양

훈   음

❸ 눕혀 놓은 막대기 세 개를 그린 모양

훈   음

❹ 코에서 바람이 나오는 모양

훈   음

❺ 엇갈리게 놓은 막대기 두 개를 그린 모양

훈   음

❻ 손 끝에서 맥박이 뛰는 곳까지의 한 마디를 그린 모양

훈   음

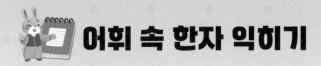
3 한자어의 뜻을 읽고 빈칸에 알맞은 한자를 쓰세요.

❶ 여러가지 중 가장 ➡ 제 일 ➡ 제 一

❷ 어머니의 남자 형제 ➡ 외 삼 촌 ➡ 외 □ □

❸ 학교의 둘째 학년 ➡ 이 학 년 ➡ □ 학 년

❹ 다섯 가지의 감각 ➡ 오 감 ➡ □ 감

❺ 봄, 여름, 가을, 겨울의 네 가지 계절 ➡ 사 계 절 ➡ □ 계 절

❻ 큰아버지 또는 작은아버지의 아들과 딸 ➡ 사 촌 ➡ □ □

4 다음 밑줄 친 말에 해당하는 한자를 보기 에서 찾아 그 번호를 쓰세요.

보기   ❶ 一   ❷ 二   ❸ 三   ❹ 四   ❺ 五   ❻ 寸

1 네 명이 교실로 들어왔다.

2 기숙사는 두 사람이 한 방을 사용한다.

3 물 한 잔을 들이켰다.

4 삼 일만에 이 책을 다 읽었다.

5 내 친구는 가족이 다섯 명이다.

틀린 그림 찾기

위와 아래의 그림을 비교하여 서로 다른 부분 10곳을 찾아보세요.

신나는 코딩 놀이

별표에 들어갈 숫자로 알맞은 것을 한자로 쓰세요.

💡 마주 보는 숫자의 합은?

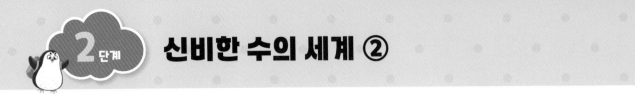

신비한 수의 세계 ②

부수 八(여덟 팔) 中 六(liù) 리우

4획 六 六 六 六

六	六	六	
여섯 륙(육)	여섯 륙(육)	여섯 륙(육)	

여섯 륙(육)

·六學年(육학년) : 초등학교의 가장 마지막 학년

부수 一(한 일) 中 七(qī) 치

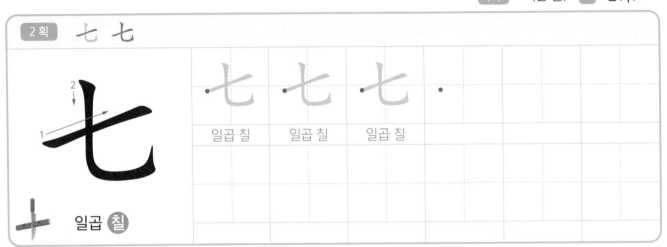

2획 七 七

七	七	七	
일곱 칠	일곱 칠	일곱 칠	

일곱 칠

·北斗七星(북두칠성) : 북쪽 하늘의 일곱 개의 별

부수 八(여덟 팔) 中 八(bā) 빠

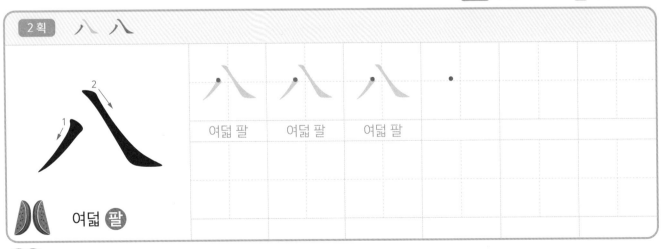

2획 八 八

八	八	八	
여덟 팔	여덟 팔	여덟 팔	

여덟 팔

·八月(팔월) : 일 년 중 여덟 번째 달

부수 乙(새 을) 中 九(jiǔ) 지우

아홉 **구**

교과서 한자어 · **九尾狐**(구미호) : 꼬리가 아홉 달린 여우

부수 十(열 십) 中 十(shí) 스*

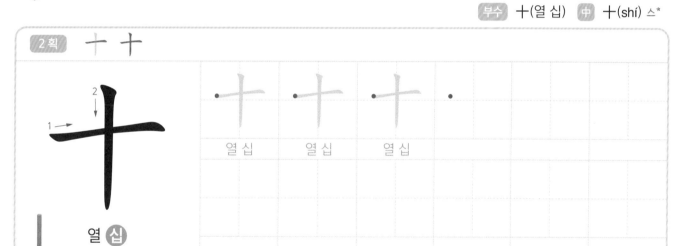

열 **십**

교과서 한자어 · **十字**(십자) : 한자 十과 같은 모양

부수 干(방패 간) 中 年(nián) 니엔

해 **년**

교과서 한자어 · **新年**(신년) : 새로 시작하는 해

한자 훈음 익히기

1 주어진 훈(뜻) 음(소리)에 맞는 한자를 고르세요.

① 일곱 칠

七 匕 九

② 아홉 구

力 九 刀

③ 여덟 팔

入 人 八

④ 열 십

十 干 千

⑤ 해 년

午 牛 年

⑥ 여섯 륙(육)

大 六 文

2 다음 그림을 보고 연상되는 한자의 훈(뜻)과 음(소리)을 쓰세요.

①  작고 허름한 집 모양

훈　　　음

②  칼로 무언가를 내리치는 모양

훈　　　음

③  반으로 나누어진 사물을 그린 모양

훈　　　음

④ 사람의 손과 팔뚝을 같이 그린 모양

훈　　　음

⑤  세워 놓은 막대기를 그린 모양

훈　　　음

⑥  추수가 끝나고 볏단을 지고 가는 모양

훈　　　음

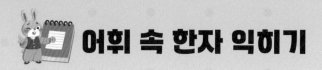

어휘 속 한자 익히기

월   일

3 한자어의 뜻을 읽고 빈칸에 알맞은 한자를 쓰세요.

① 초등학교의 가장 마지막 학년 ➡ 육 학 년 ➡ ☐ 학 년

② 북쪽하늘의 일곱 개의 별 ➡ 북 두 칠 성 ➡ 북 두 ☐ 성

③ 꼬리가 아홉 개 달린 여우 ➡ 구 미 호 ➡ ☐ 미 호

④ 일년 중 여덟 번째 달 ➡ 팔 월 ➡ ☐ 월

⑤ 새로 시작하는 해 ➡ 신 년 ➡ 신 ☐

⑥ 옛날 서양에서 죄인을 못박아 죽이던 형틀 ➡ 십 자 가 ➡ ☐ 자 가

4 다음 밑줄 친 말에 해당하는 한자를 보기 에서 찾아 그 번호를 쓰세요.

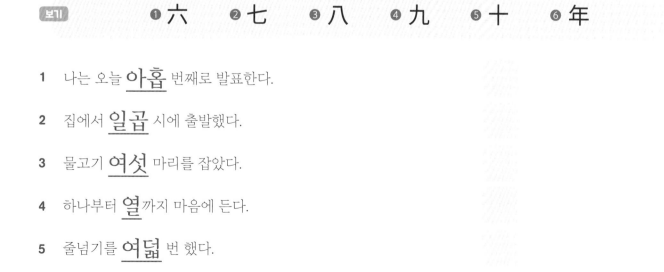

보기   ❶ 六   ❷ 七   ❸ 八   ❹ 九   ❺ 十   ❻ 年

1 나는 오늘 **아홉** 번째로 발표한다.

2 집에서 **일곱** 시에 출발했다.

3 물고기 **여섯** 마리를 잡았다.

4 하나부터 **열**까지 마음에 든다.

5 줄넘기를 **여덟** 번 했다.

2단계 | 六七八九十年 **13**

⬤ 위와 아래의 그림을 비교하여 서로 다른 부분 10곳을 찾아보세요.

 # 신나는 코딩 놀이

다음 힌트를 보고 물음표에 들어갈 숫자를 한자로 쓰세요.

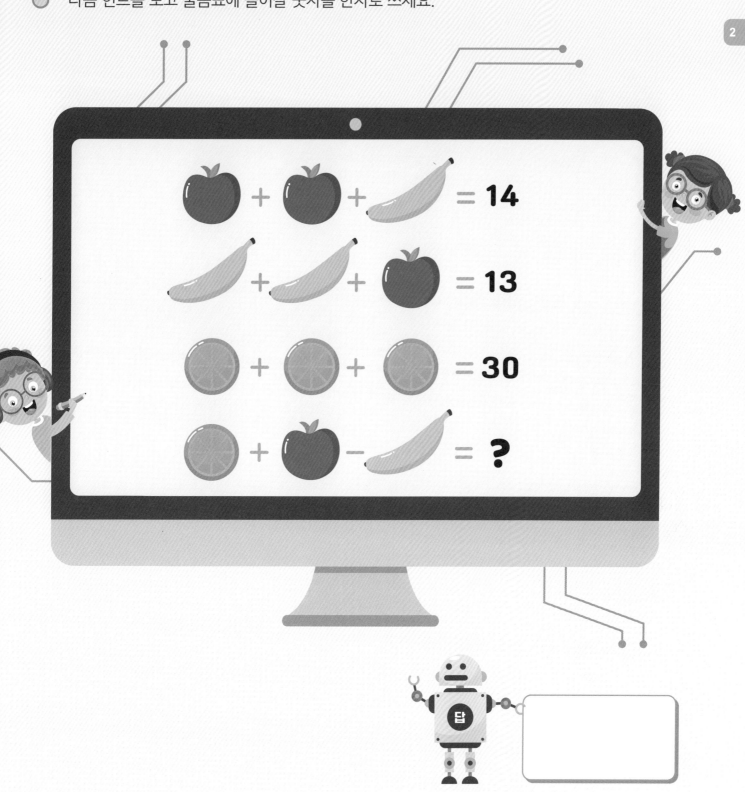

3단계 나와 가까운 사람

부수 父(아비 부) 中 父(fù) 푸

4획 父 父 父 父

父 父 父

아비 부 | 아비 부 | 아비 부

아비 부

· 父子(부자) : 아버지와 아들

부수 母(말 무) 中 母(mǔ) 무

5획 母 母 母 母 母

母 母 母

어미 모 | 어미 모 | 어미 모

어미 모

· 母女(모녀) : 어머니와 딸

부수 儿(어진사람인발) 中 兄(xiōng) 시옹

5획 兄 兄 兄 兄 兄

兄 兄 兄

형 형 | 형 형 | 형 형

형 형

· 親兄(친형) : 같은 부모에서 난 형

부수 弓(활 궁) 中 弟(dì) 띠

7획 弟 弟 弟 弟 弟 弟 弟

弟 아우 제
弟 아우 제
弟 아우 제

弟 아우 제

교과서 한자어 · 弟子(제자) : 스승으로부터 가르침을 받은 사람

부수 子(아들 자) 中 子(zǐ) 즈

3획 子 子 子

子 아들 자
子 아들 자
子 아들 자

子 아들 자

교과서 한자어 · 孝子(효자) : 부모를 잘 모시는 아들

부수 女(여자 녀/여) 中 女(nǚ) 뉘

3획 女 女 女

女 여자 녀(여)
女 여자 녀(여)
女 여자 녀(여)

女 여자 녀(여)

교과서 한자어 · 海女(해녀) : 해삼, 전복 등을 따는 것을 직업으로 삼은 여자

1 주어진 훈(뜻) 음(소리)에 맞는 한자를 고르세요.

❶ 아비 부

父 三 交

❷ 형 형

允 一 兄

❸ 아들 자

予 子 字

❹ 어미 모

母 每 毋

❺ 아우 제

第 笫 弟

❻ 여자 녀(여)

女 夊 丈

2 다음 그림을 보고 연상되는 한자의 훈(뜻)과 음(소리)을 쓰세요.

❶  돌도끼를 든 손을 그린 모양

훈   음

❷ 아기에게 젖을 물리며 앉아 있는 어머니를 그린 모양

훈   음

❸ 하늘을 향해 입을 벌리고 축문을 읽는 사람을 그린 모양

훈   음

❹  줄을 감은 나무토막을 그린 모양

훈   음

❺  포대기에 싸여 있는 아이를 그린 모양

훈   음

❻  무릎을 꿇고 단아하게 손을 모으고 있는 여자를 그린 모양

훈   음

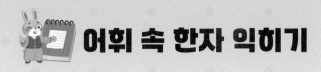

3 한자어의 뜻을 읽고 빈칸에 알맞은 한자를 쓰세요.

❶ 아버지와 아들 ➡ | 부 | 자 | ➡ | | |

❷ 어머니와 딸 ➡ | 모 | 녀 | ➡ | | |

❸ 해삼, 전복 등 해산물을 따는 것을 직업으로 삼은 여자 ➡ | 해 | 녀 | ➡ | 해 | |

❹ 부모를 잘 섬기는 아들 ➡ | 효 | 자 | ➡ | 효 | |

❺ 같은 부모에서 난 형 ➡ | 친 | 형 | ➡ | 친 | |

❻ 스승으로부터 가르침을 받은 사람 ➡ | 제 | 자 | ➡ | | |

4 다음 밑줄 친 말에 해당하는 한자를 [보기]에서 찾아 그 번호를 쓰세요.

[보기] ❶父 ❷母 ❸兄 ❹弟 ❺子 ❻女

1 <u>형</u>과 나는 같이 청소했다.

2 그 <u>여자</u>아이는 서너 살 정도 되어 보인다.

3 출장 가신 <u>아버지</u>께 전화를 드렸다.

4 그는 영의정의 <u>동생</u>이다.

5 <u>어머니</u>가 만 원을 주셨다.

틀린 그림 찾기

◉ 위와 아래의 그림을 비교하여 서로 다른 부분 10곳을 찾아보세요.

신나는 코딩 놀이

○ **보기** 와 같은 순서대로 놓인 음에 해당하는 한자를 모두 찾아 [　　] 하세요.

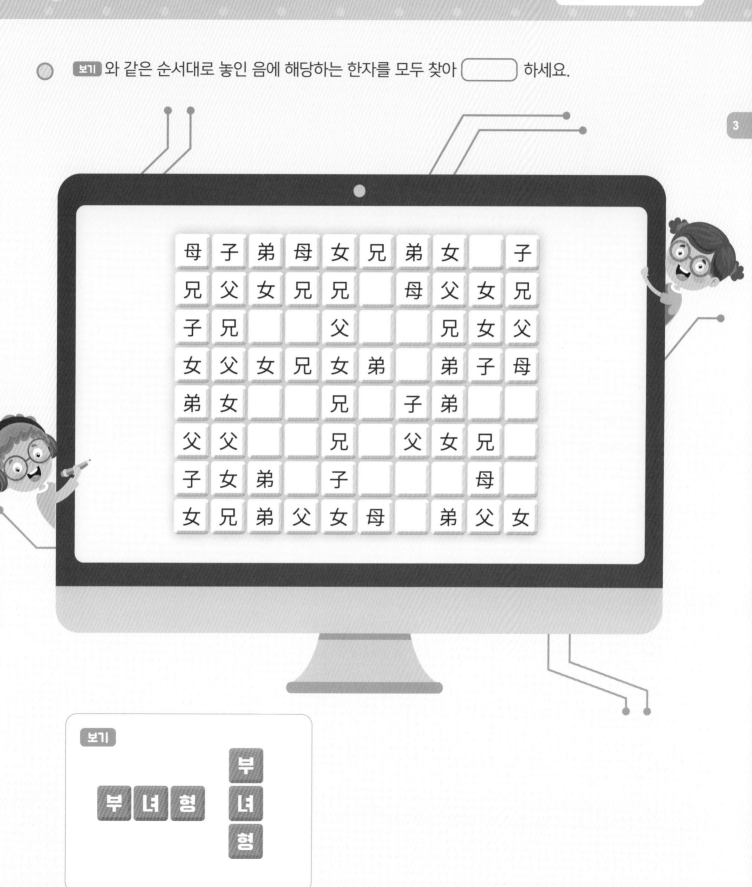

母	子	弟	母	女	兄	弟	女		子
兄	父	女	兄	兄		母	父	女	兄
子	兄			父			兄	女	父
女	父	女	兄	女	弟		弟	子	母
弟	女			兄		子	弟		
父	父			兄		父	女	兄	
子	女	弟		子				母	
女	兄	弟	父	女	母		弟	父	女

보기

부 녀 형

부
녀
형

부수 日(날 일) 中 日(rì) 르*

4획 日 日 日 日

日 / 日 / 日

날 일 날 일 날 일

날 일

교과서 한자어 · 來日(내일) : 다음 날, 앞 날

부수 月(달 월) 中 月(yuè) 위에

4획 月 月 月 月

月 / 月 / 月

달 월 달 월 달 월

달 월

교과서 한자어 · 月給(월급) : 한 달간 일한 대가

부수 靑(푸를 청) 中 靑(qīng) 칭

8획 靑 靑 靑 靑 靑 靑 靑 靑

靑 / 靑 / 靑

푸를 청 푸를 청 푸를 청

푸를 청

교과서 한자어 · 靑少年(청소년) : 어른이 되지 않은 사람

부수 白(흰 백)   中 白(bái) 바이

5획 白 白 白 白 白

白	白	白	
흰 백	흰 백	흰 백	

흰 **백**

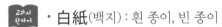• 白紙(백지) : 흰 종이, 빈 종이

부수 山(메 산)   中 山(shān) 샨*

3획 山 山 山

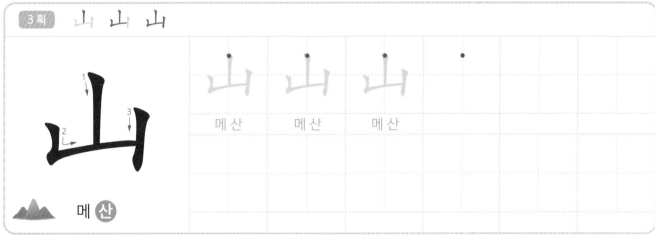

山	山	山	
메 산	메 산	메 산	

메 **산**

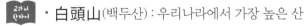• 白頭山(백두산) : 우리나라에서 가장 높은 산

부수 人(사람 인)   中 人(rén) 런

2획 人 人

人	人	人	
사람 인	사람 인	사람 인	

사람 **인**

• 人口(인구) : 한 곳에 사는 사람 수

한자 훈음 익히기

1 주어진 훈(뜻) 음(소리)에 맞는 한자를 고르세요.

① 푸를 청

表　春　青

② 흰 백

自　白　百

③ 메 산

山　上　止

④ 날 일

目　白　日

⑤ 달 월

目　月　日

⑥ 사람 인

人　入　八

2 다음 그림을 보고 연상되는 한자의 훈(뜻)과 음(소리)을 쓰세요.

① 태양을 그린 모양

훈　　　음

②  초승달을 그린 모양

훈　　　음

③  자라나는 푸른 싹을 그린 모양

훈　　　음

④  촛불의 심지와 밝게 빛나는 불빛을 그린 모양

훈　　　음

⑤  육지에 우뚝 솟은 세 개의 봉우리를 그린 모양

훈　　　음

⑥  팔을 내리고 있는 사람을 그린 모양

훈　　　음

어휘 속 한자 익히기

3 한자어의 뜻을 읽고 빈칸에 알맞은 한자를 쓰세요.

❶ 우리나라에서 가장 높은 산 ➡ | 백 | 두 | 산 | ➡ | | 두 | |

❷ 아직 어른이 되지 않은 사람 ➡ | 청 | 소 | 년 | ➡ | | 소 | 년 |

❸ 일정한 지역에 사는 사람의 수 ➡ | 인 | 구 | ➡ | | 구 |

❹ 색깔이 흰 종이, 아무것도 쓰여져 있지 않은 종이 ➡ | 백 | 지 | ➡ | | 지 |

❺ 오늘의 다음 날 ➡ | 내 | 일 | ➡ | 내 | |

❻ 일한 대가로 매달 받는 급여 ➡ | 월 | 급 | ➡ | | 급 |

4 다음 밑줄 친 말에 해당하는 한자를 보기 에서 찾아 그 번호를 쓰세요.

보기   ❶ 日   ❷ 月   ❸ 山   ❹ 靑   ❺ 白   ❻ 人

1 우리 형은 착한 **사람**이다.

2 나는 **날**마다 일기를 쓴다.

3 오늘은 **달**이 유난히 밝다.

4 가을이라 **산**에 단풍이 들었다.

5 친구로부터 **푸른** 빛의 구슬을 받았다.

틀린 그림 찾기

위와 아래의 그림을 비교하여 서로 다른 부분 10곳을 찾아보세요.

신나는 코딩 놀이

규칙 에 맞게 빈칸을 색칠하여 숨어 있는 한자가 무엇인지 찾고 한자의 훈과 음을 쓰세요.

人
青
月
日
白
山

규칙

일		▨		▨		▨
월				▨		
산		▨	▨	▨	▨	
청				▨		
백		▨		▨		▨
인						

답

훈   음

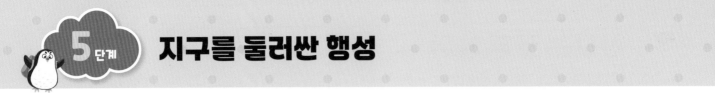

부수 水(물 수) 中 水(shuǐ) 슈이*

4획 水 水 水 水

水

물 수

水 水 水
물수 물수 물수

교과서 한자어 · 洪水(홍수) : 비가 많이 와서 갑자기 많아진 물

부수 金(쇠 금) 中 金(jīn) 찐

8획 金 金 金 金 金 金 金 金

金

쇠 금 / 성 김

金 金 金
쇠금 / 성김 쇠금 / 성김 쇠금 / 성김

교과서 한자어 · 黃金(황금) : 누런 빛의 금

부수 火(불 화) 中 火(huǒ) 후어

4획 火 火 火 火

火

불 화

火 火 火
불화 불화 불화

교과서 한자어 · 消火器(소화기) : 불을 끄는 기구

부수 木(나무 목) 中 木(mù) 무

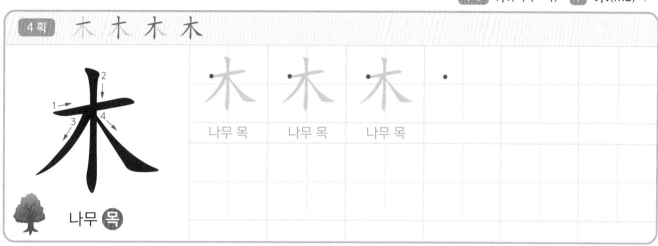

4획 木 木 木 木

木 나무 **목**

木 나무 목   木 나무 목   木 나무 목

· 木工(목공) : 나무를 다듬어서 물건을 만드는 일

부수 土(흙 토) 中 土(tǔ) 투

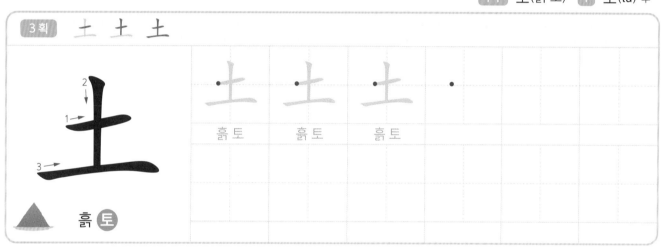

3획 土 土 土

土 흙 **토**

土 흙 토   土 흙 토   土 흙 토

· 國土(국토) : 나라의 땅

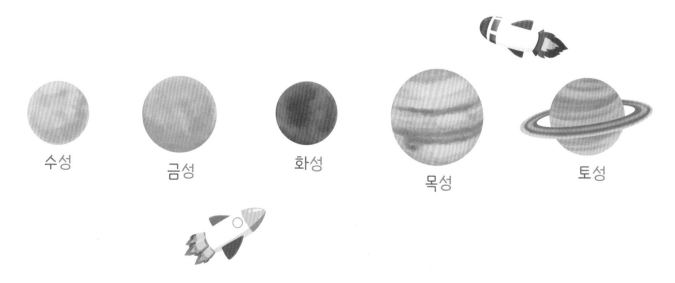

수성   금성   화성   목성   토성

한자 훈음 익히기

1 주어진 훈(뜻) 음(소리)에 맞는 한자를 고르세요.

❶ 쇠금 / 성김

全　金　釜

❷ 흙 토

土　士　工

❸ 불 화

六　灭　火

❹ 나무 목

木　本　才

❺ 물 수

氷　木　水

2 다음 그림을 보고 연상되는 한자의 훈(뜻)과 음(소리)을 쓰세요.

❶ 비 내리는 시냇물을 그린 모양

훈　　　음

❷  금속을 만드는 연통과 불을 피우던 가마를 그린 모양

훈　　　음

❸ 솟아오르는 불길을 그린 모양

훈　　　음

❹ 땅에 뿌리를 박고 가지를 뻗어 나가는 나무를 그린 모양

훈　　　음

❺ 지면 위로 뭉쳐 있는 흙 덩이를 그린 모양

훈　　　음

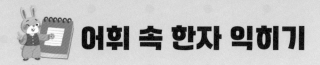
3 한자어의 뜻을 읽고 빈칸에 알맞은 한자를 쓰세요.

① 나무를 다듬어서 물건을 만드는 일 ➡ | 목 | 공 | ➡ | | 공 |

② 불을 끄는 기구 ➡ | 소 | 화 | 기 | ➡ | 소 | | 기 |

③ 비가 많이 와서 갑자기 많아진 물 ➡ | 홍 | 수 | ➡ | 홍 | |

④ 누런 빛의 금 ➡ | 황 | 금 | ➡ | 황 | |

⑤ 나라의 땅 ➡ | 국 | 토 | ➡ | 국 | |

4 다음 밑줄 친 말에 해당하는 한자를 보기 에서 찾아 그 번호를 쓰세요.

보기　　　❶火　　❷水　　❸木　　❹金　　❺土

1 <u>흙</u> 길에도 예쁜 꽃이 피었다.

2 판다는 대<u>나무</u>를 좋아한다.

3 방에 <u>불</u>을 켜놓고 책을 보았다.

4 나는 성이 <u>김</u> 씨인 친구가 많다.

5 엄마가 <u>물</u> 한 잔을 주셨다.

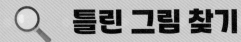

틀린 그림 찾기

○ 위와 아래의 그림을 비교하여 서로 다른 부분 10곳을 찾아보세요.

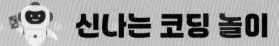

신나는 코딩 놀이

다음 규칙을 보고 마지막 칸에 들어갈 한자의 음을 써 넣으세요.

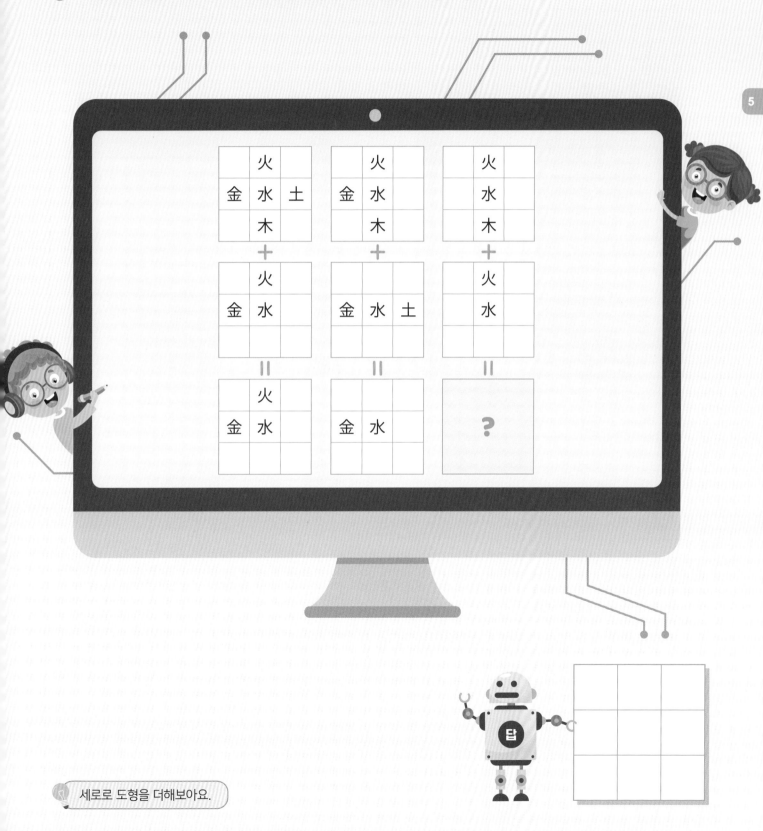

세로로 도형을 더해보아요.

내가 살고 있는 곳

부수 韋(가죽 위) 中 韩(Hán) 한

17획 韓韓韓韓韓韓韓韓韓韓韓韓韓韓韓韓韓韓

韓 韓 韓

나라/한국한 나라/한국한 나라/한국한

나라 / 한국 한

교과서 한자어 ・ 韓國(한국) : 대한민국을 줄여서 부르는 말

부수 口(큰입구몸) 中 国(guó) 구어

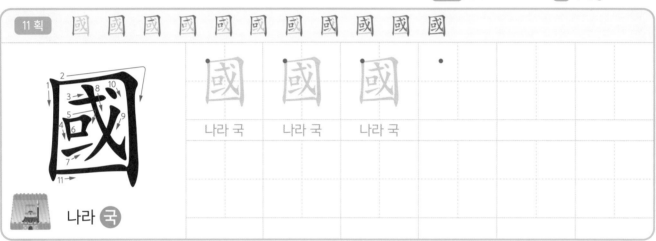

11획 國國國國國國國國國國國

國 國 國

나라 국 나라 국 나라 국

나라 국

교과서 한자어 ・ 愛國(애국) : 자기 나라를 사랑함

부수 木(나무 목) 中 东(dōng) 뚱

8획 東東東東東東東東

東 東 東

동녘 동 동녘 동 동녘 동

동녘 동

교과서 한자어 ・ 東風(동풍) : 동쪽에서 부는 바람

부수 襾(덮을 아) 中 西(xī) 시

6획 西 西 西 西 西 西

西
서녘 **서**

西 西 西

서녘 서   서녘 서   서녘 서

교과서 한자어 · **西海**(서해) : 서쪽 바다

부수 十(열 십) 中 南(nán) 난

9획 南 南 南 南 南 南 南 南 南

南
남녘 **남**

南 南 南

남녘 남   남녘 남   남녘 남

교과서 한자어 · **南大門**(남대문) : 조선 시대에 세운 한양의 남쪽 정문

부수 匕(비수 비) 中 北(běi) 베이

5획 北 北 北 北 北

北
북녘 **북** / 달아날 **배**

北 北 北

북녘북 / 달아날배   북녘북 / 달아날배   북녘북 / 달아날배

교과서 한자어 · **北上**(북상) : 북쪽으로 올라감

1 주어진 훈(뜻) 음(소리)에 맞는 한자를 고르세요.

❶
서녘 서

四　西　酉

❷
남녘 남

萳　嵤　南

❸
나라 국

國　園　閩

❹
동녘 동

束　東　秉

❺
북녘 북

比　化　北

❻
한국 한

韓　韓　朝

2 다음 그림을 보고 연상되는 한자의 훈(뜻)과 음(소리)을 쓰세요.

❶

햇빛이 찬란하게 성을 비추는 모양

훈　　　음

❷

창을 들고 성벽을 경비하는 모양

훈　　　음

❸

꽁꽁 묶어 놓은 보따리를 그린 모양

훈　　　음

❹

새의 둥지를 그린 모양

훈　　　음

❺

악기로 사용하던 종을 그린 모양

훈　　　음

❻

두 사람이 등을 맞댄 것을 그린 모양

훈　　　음

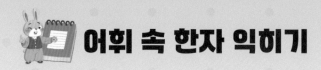

어휘 속 한자 익히기

3 한자어의 뜻을 읽고 빈칸에 알맞은 한자를 쓰세요.

❶ 동쪽에서 부는 바람 ⟹ 동 풍 ⟹ ⬜ 풍

❷ 자기나라를 사랑함 ⟹ 애 국 ⟹ 애 ⬜

❸ 서쪽 바다 ⟹ 서 해 ⟹ ⬜ 해

❹ 대한민국을 줄여서 부르는 말 ⟹ 한 국 ⟹ ⬜ ⬜

❺ 조선시대에 세운 한양의 남쪽 정문 ⟹ 남 대 문 ⟹ ⬜ 대 문

❻ 북쪽으로 올라감 ⟹ 북 상 ⟹ ⬜ 상

4 다음 밑줄 친 말에 해당하는 한자를 보기 에서 찾아 그 번호를 쓰세요.

보기    ❶ 韓 ❷ 國 ❸ 東 ❹ 西 ❺ 南 ❻ 北

1 <u>남쪽</u> 하늘부터 하늘이 개이기 시작했다.

2 해가 지면 <u>서쪽</u> 하늘부터 붉어진다.

3 우리<u>나라</u>의 꽃은 무궁화이다.

4 나침반으로 <u>북쪽</u>을 찾았다.

5 <u>동쪽</u>으로 가면 우리 집이 나온다.

● 위와 아래의 그림을 비교하여 서로 다른 부분 10곳을 찾아보세요.

신나는 코딩 놀이

○ 칠교판에 쓰여 있는 훈(뜻)과 음(소리)에 맞는 한자를 **보기** 에서 찾아 그 번호를 ☐ 안에 쓰세요.

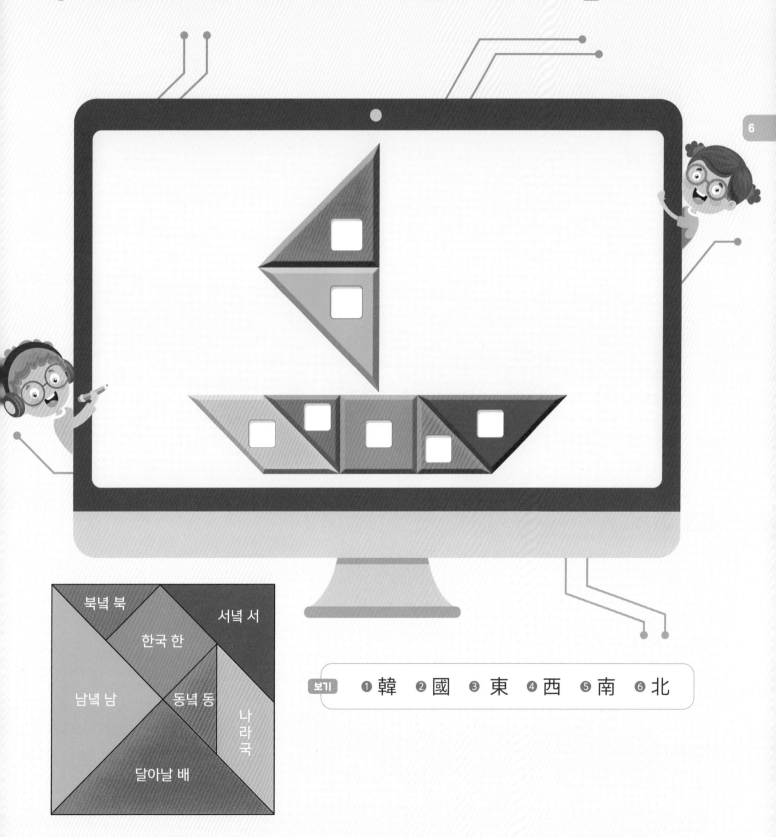

보기 ❶ 韓 ❷ 國 ❸ 東 ❹ 西 ❺ 南 ❻ 北

지혜를 배우는 곳

부수 子(아들 자)　中 学(xué) 쉬에

16 획　學 學 學 學 學 學 學 學 學 學 學 學 學 學 學 學

배울학　배울학　배울학

배울 **학**

• **放學**(방학) : 일정 기간 수업을 쉬는 일

부수 木(나무 목)　中 校(xiào) ㅅ|아오

10 획　校 校 校 校 校 校 校 校 校 校

학교 교　학교 교　학교 교

학교 **교**

• **校門**(교문) : 학교의 정면에 있는 출입문

부수 攵(등글월 문)　中 教(jiāo) 찌아오

11 획　教 教 教 教 教 教 教 教 教 教 教

가르칠 교　가르칠 교　가르칠 교

가르칠 **교**

• **教科書**(교과서) : 학교 수업 시간에 사용하는 책

7

부수 宀(갓머리)　中 室(shi) 스*

9획	室室室室室室室室室

室
집 (실)

집실　집실　집실

· 病室(병실) : 병을 치료하기 위해 환자가 거처하는 방

부수 儿(어진사람인발)　中 先(xiān) 씨엔

6획	先 先 先 先 先 先

先
먼저 (선)

먼저 선　먼저 선　먼저 선

· 先生님(선생님) : 학생을 가르치는 사람

부수 生(날 생)　中 生(shēng) 셩*

5획	生 生 生 生 生

生
날 (생)

날생　날생　날생

· 苦生(고생) : 어렵고 고된 일을 겪음

한자 훈음 익히기

1 주어진 훈(뜻) 음(소리)에 맞는 한자를 고르세요.

❶
집 실

❷
날 생

❸
학교 교

❹
배울 학

❺
가르칠 교

❻
먼저 선

2 다음 그림을 보고 연상되는 한자의 훈(뜻)과 음(소리)을 쓰세요.

❶

집 위에 배움을 의미하는 爻(효 효)와 손을 그린 모양

훈   음

❷

나무 옆에 다리가 묶여 심판 당하는 사람을 그린 모양

훈   음

❸

회초리를 들고 아이를 가르치는 모양

훈   음

❹

화살이 꽂혀 있는 집안을 그린 모양

훈   음

❺

사람보다 발이 앞서 나가는 것을 그린 모양

훈   음

❻

땅 위로 돋아나는 새싹을 그린 모양

훈   음

어휘 속 한자 익히기

7

3 한자어의 뜻을 읽고 빈칸에 알맞은 한자를 쓰세요.

❶ 학교 수업 시간에 사용하는 책 ➡ | 교 | 과 | 서 | ➡ | | 과 | 서 |

❷ 일정 기간 수업을 쉬는 일 ➡ | 방 | 학 | ➡ | 방 | |

❸ 어렵고 고된 일을 겪음 ➡ | 고 | 생 | ➡ | 고 | |

❹ 병을 치료하는 환자가 거처하는 방 ➡ | 병 | 실 | ➡ | 병 | |

❺ 학교의 정면에 있는 출입문 ➡ | 교 | 문 | ➡ | | 문 |

❻ 학생을 가르치는 사람 ➡ | 선 | 생 | 님 | ➡ | | | 님 |

4 다음 밑줄 친 말에 해당하는 한자를 보기 에서 찾아 그 번호를 쓰세요.

보기 ❶ 學 ❷ 校 ❸ 先 ❹ 生 ❺ 教 ❻ 室

1 나는 늘 가장 **먼저** 약속 장소에 도착한다.

2 우리 아버지는 영어를 **가르치신다**.

3 우리 **집** 은 햇볕이 잘 들어온다.

4 오늘 자전거 타는 법을 **배웠다**.

5 오늘은 **학교** 까지 걸어서 갔다.

⬤ 위와 아래의 그림을 비교하여 서로 다른 부분 10곳을 찾아보세요.

신나는 코딩 놀이

보기 와 같이 한자코드를 풀고 빈칸에 한자를 쓰세요.

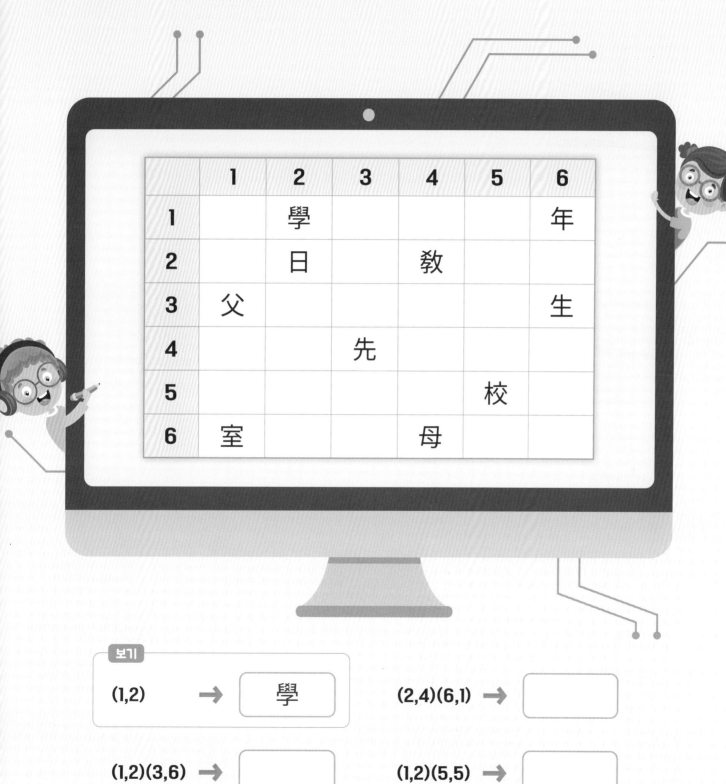

	1	2	3	4	5	6
1		學				年
2		日		敎		
3	父					生
4			先			
5					校	
6	室			母		

보기

(1,2) → 學

(2,4)(6,1) → ☐

(1,2)(3,6) → ☐

(1,2)(5,5) → ☐

8단계  서로 다른 우리

부수 一(한 일)   中 上(shàng) 샹*

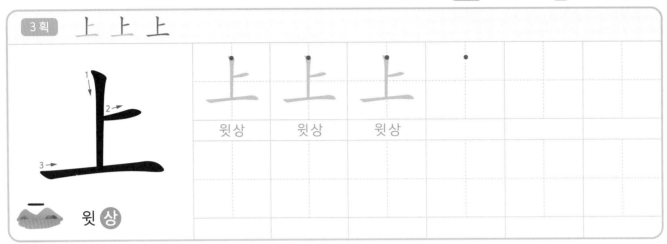

3획	上 上 上

上	上	上	·
윗상	윗상	윗상	

윗 **상**

교과서 한자어 · 上衣(상의) : 위에 입는 옷

부수 一(한 일)   中 下(xià) 시아

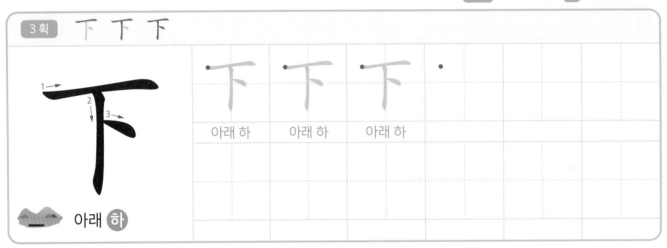

3획	下 下 下

下	下	下	·
아래 하	아래 하	아래 하	

아래 **하**

교과서 한자어 · 地下(지하) : 땅 아래

부수 大(큰 대)   中 大(dà) 따

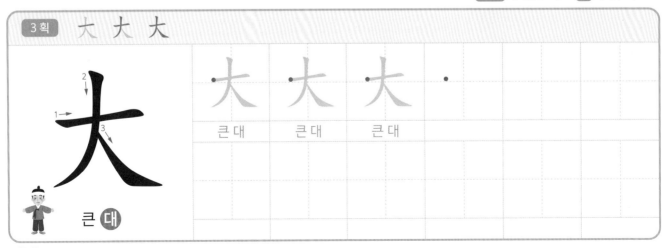

3획	大 大 大

大	大	大	·
큰 대	큰 대	큰 대	

큰 **대**

교과서 한자어 · 大會(대회) : 큰 모임이나 회의

부수 小(작을 소) 　中 小(xiǎo) 샤오

3획 小 小 小

小

작을 소

小 小 小 ·
작을 소 　작을 소 　작을 소

📖 • 小心(소심) : 작은 것까지 신경 쓸 정도로 조심하는 마음

부수 ｜(뚫을 곤) 　中 中(zhōng) 쭝*

4획 中 中 中 中

中

가운데 중

中 中 中 ·
가운데 중 　가운데 중 　가운데 중

📖 • 中國(중국) : 아시아 동쪽에 있고 수도가 베이징인 나라

부수 夕(저녁 석) 　中 外(wài) 와이

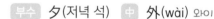

5획 外 外 外 外 外

外

바깥 외

外 外 外 ·
바깥 외 　바깥 외 　바깥 외

📖 • 野外(야외) : 시가지에서 멀리 떨어져 있는 들판

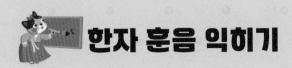

한자 훈음 익히기

1 주어진 훈(뜻) 음(소리)에 맞는 한자를 고르세요.

❶ 큰 대
大 六 丈

❷ 윗 상
止 土 上

❸ 가운데 중
中 巾 申

❹ 작을 소
忄 少 小

❺ 아래 하
干 下 不

❻ 바깥 외
処 外 舛

2 다음 그림을 보고 연상되는 한자의 훈(뜻)과 음(소리)을 쓰세요.

❶ 땅 위에 선을 하나 더 그어서 하늘을 표현한 모양

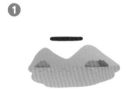 

훈   음

❷ 땅 아래에 선을 하나 더 그어서 땅을 표현한 모양

훈   음

❸ 양 팔을 벌리고 서 있는 사람을 그린 모양

훈   음

❹ 튀어 나오는 작은 파편을 그린 모양

훈   음

❺ 군대의 가운데에 꽂아 놓은 깃발을 그린 모양

훈   음

❻ 저녁에 점을 치는 모양

훈   음

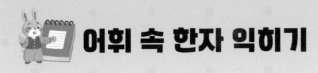

어휘 속 한자 익히기

3 한자어의 뜻을 읽고 빈칸에 알맞은 한자를 쓰세요.

① 도시에서 멀리 떨어진 들판 ➡ 야 외 ➡ 야 □

② 큰 모임이나 회의 ➡ 대 회 ➡ □ 회

③ 땅 아래 ➡ 지 하 ➡ 지 □

④ 아시아 동쪽에 있고 수도가 베이징인 나라 ➡ 중 국 ➡ □ 국

⑤ 위에 입는 옷 ➡ 상 의 ➡ □ 의

⑥ 작은 것까지 신경 쓸 정도로 조심하는 마음 ➡ 소 심 ➡ □ 심

4 다음 밑줄 친 말에 해당하는 한자를 [보기]에서 찾아 그 번호를 쓰세요.

[보기]   ❶上   ❷下   ❸大   ❹中   ❺小   ❻外

1 문을 열고 <u>밖</u>을 내다봤다.

2 배가 강 <u>가운데</u>를 지나갔다.

3 나는 발이 유난히 <u>작다</u>.

4 아빠는 나보다 손이 <u>크다</u>.

5 <u>윗</u>집에는 강아지 한 마리가 있다.

⬤ 위와 아래의 그림을 비교하여 서로 다른 부분 10곳을 찾아보세요.

다음 두 개의 하트에 들어갈 말은 무엇인지 한자로 쓰세요.

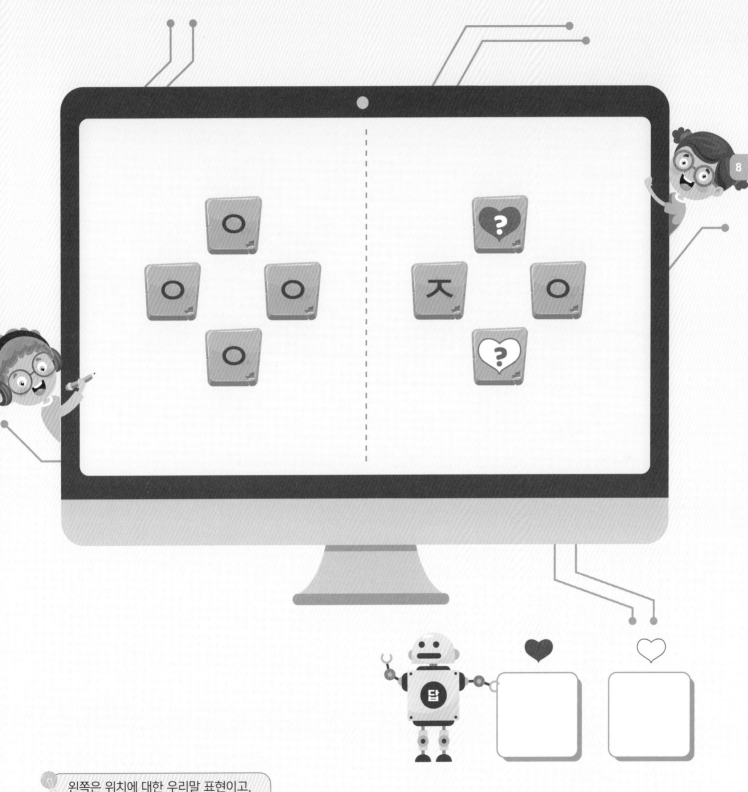

왼쪽은 위치에 대한 우리말 표현이고,
오른쪽은 위치에 대한 한자 표현이에요.

부수 車(수레 거) 中 军(jūn) 쮠

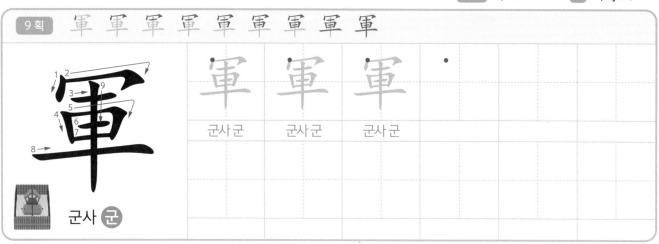

9획 軍 軍 軍 軍 軍 軍 軍 軍 軍

軍 / 軍 / 軍

군사군 / 군사군 / 군사군

군사 군

교과서 한자어
· 軍人(군인) : 군대에서 일하고 힘쓰는 사람

부수 艹(초두머리) 中 万(wàn) 완

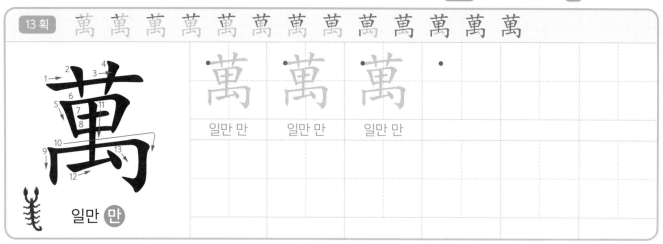

13획 萬 萬 萬 萬 萬 萬 萬 萬 萬 萬 萬 萬 萬

萬 / 萬 / 萬

일만 만 / 일만 만 / 일만 만

일만 만

교과서 한자어
· 萬物(만물) : 세상에 있는 모든 것

부수 門(문 문) 中 门(mén) 먼

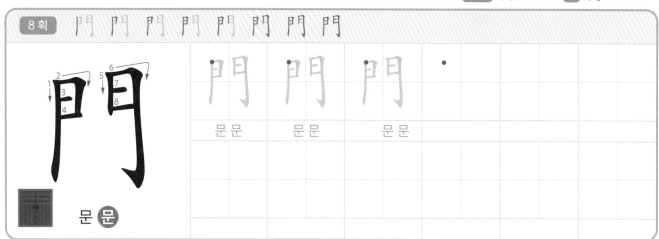

8획 門 門 門 門 門 門 門 門

門 / 門 / 門

문 문 / 문 문 / 문 문

문 문

교과서 한자어
· 窓門(창문) : 벽이나 지붕에 만든 문

부수 長(길 장) 中 长(cháng) 창*

8획 長 長 長 長 長 長 長 長

길 / 어른 장　길 / 어른 장　길 / 어른 장

길 / 어른 **장**

교과서 한자어 · 長點(장점) : 좋은 점, 뛰어난 점

부수 玉(구슬 옥) 中 王(wáng) 왕

4획 王 王 王 王

임금 왕　임금 왕　임금 왕

임금 **왕**

교과서 한자어 · 龍王(용왕) : 전설에 나오는 바닷속 임금

부수 氏(각시 씨) 中 民(mín) 민

5획 民 民 民 民 民

백성 민　백성 민　백성 민

백성 **민**

교과서 한자어 · 國民(국민) : 국가를 구성하는 사람

한자 훈음 익히기

1 주어진 훈(뜻) 음(소리)에 맞는 한자를 고르세요.

❶
일만 만

萬　萬　寓

❷
길 / 어른 장

良　是　長

❸
백성 민

尼　民　氏

❹
임금 왕

玉　王　主

❺
문 문

門　問　聞

❻
군사 군

暈　旱　軍

2 다음 그림을 보고 연상되는 한자의 훈(뜻)과 음(소리)을 쓰세요.

❶  진지 안에 전차가 있는 군대를 그린 모양

훈　　　음

❷  전갈의 두 집게 다리와 몸, 꼬리를 그린 모양

훈　　　음

❸  양쪽으로 여닫는 큰 문을 그린 모양

훈　　　음

❹  머리카락이 긴 노인을 그린 모양

훈　　　음

❺ 고대에 권력을 상징하던 도끼를 그린 모양

훈　　　음

❻ 도망가지 못하게 눈이 찔린 노예의 눈을 그린 모양

훈　　　음

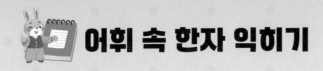

어휘 속 한자 익히기

월   일

3 한자어의 뜻을 읽고 빈칸에 알맞은 한자를 쓰세요.

❶ 벽이나 지붕에 만든 문 ➡ | 창 | 문 | ➡ | 창 | |

❷ 세상에 있는 모든 것 ➡ | 만 | 물 | ➡ | | 물 |

❸ 국가를 구성하는 사람 ➡ | 국 | 민 | ➡ | 국 | |

❹ 전설에 나오는 바닷속 임금 ➡ | 용 | 왕 | ➡ | 용 | |

❺ 군대에서 임무를 맡고 힘쓰는 사람 ➡ | 군 | 인 | ➡ | | 인 |

❻ 좋은 점, 뛰어난 점 ➡ | 장 | 점 | ➡ | | 점 |

4 다음 밑줄 친 말에 해당하는 한자를 보기 에서 찾아 그 번호를 쓰세요.

보기   ❶ 王   ❷ 民   ❸ 門   ❹ 萬   ❺ 長   ❻ 軍

1 유명한 빵집 앞에 사람들이 **길게** 줄을 섰다.

2 신하들이 **임금**께 절을 올렸다.

3 장군이 **군사**를 지휘하고 있다.

4 축구 경기를 보러 **일만** 명이 모였다.

5 교실 **문**이 바람에 쾅 소리를 내며 닫혔다.

틀린 그림 찾기

위와 아래의 그림을 비교하여 서로 다른 부분 10곳을 찾아보세요.

다음 규칙을 보고 마지막 칸에 들어갈 한자의 음을 써 넣으세요.

가로로 도형을 더해보아요.

1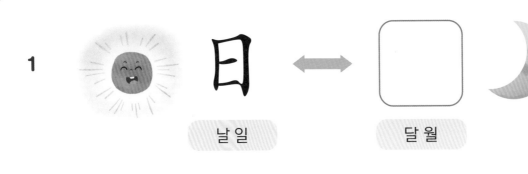

日 ↔ ☐

날 일 　　　 달 월

2

東 ↔ ☐

동녘 동 　　　 서녘 서

3

北 ↔ ☐

북녘 북 　　　 남녘 남

4

火 ↔ ☐

불 화 　　　 물 수

5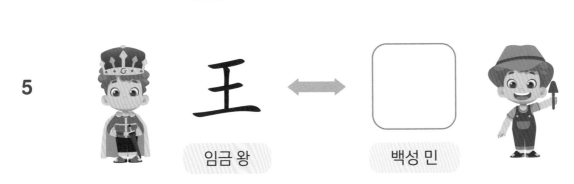

王 ↔ ☐

임금 왕 　　　 백성 민

6 兄 ⟷ [ ]
형 형   아우 제

7 大 ⟷ [ ]
큰 대   작을 소

8 教 ⟷ [ ]
가르칠 교   배울 학

9 父 ⟷ [ ]
아비 부   어미 모

10 上 ⟷ [ ]
윗 상   아래 하

정답

1단계
p.6

1 ① 三 ② 一 ③ 寸
  ④ 五 ⑤ 二 ⑥ 四

2 ① 한 일 ② 두 이 ③ 석 삼
  ④ 넉 사 ⑤ 다섯 오 ⑥ 마디 촌

3 ① 제一 ② 외三寸 ③ 二학년
  ④ 五감 ⑤ 四계절 ⑥ 四寸

4 1. ④ 2. ② 3. ①
  4. ③ 5. ⑤

틀린 그림 찾기

신나는 코딩 놀이
답 : 四

2단계
p.12

1 ① 七 ② 九 ③ 八
  ④ 十 ⑤ 年 ⑥ 六

2 ① 여섯 륙(육) ② 일곱 칠 ③ 여덟 팔
  ④ 아홉 구 ⑤ 열 십 ⑥ 해 년

3 ① 六학년 ② 북두七성 ③ 九미호
  ④ 八월 ⑤ 신年 ⑥ 十자가

4 1. ④ 2. ② 3. ①
  4. ⑤ 5. ③

틀린 그림 찾기

신나는 코딩 놀이
답 : 11(10+5-4=11)

3단계
p.18

1 ① 父 ② 兄 ③ 子
  ④ 母 ⑤ 弟 ⑥ 女

2 ① 아비 부 ② 어미 모 ③ 형 형
  ④ 아우 제 ⑤ 아들 자 ⑥ 여자 녀(여)

3 ① 父子 ② 母女 ③ 해女
  ④ 효子 ⑤ 친兄 ⑥ 弟子

4 1. ③ 2. ⑥ 3. ①
  4. ④ 5. ②

틀린 그림 찾기

신나는 코딩 놀이

母	子	弟	母	女	兄	弟	女		子
兄	父	女	兄	兄		母	父	女	兄
子	兄		父			兄	女	父	
女	父	女	兄	女	弟		弟	子	母
弟	女		兄		子	弟			
父	父		兄		父	女	兄		
子	女	弟	子			母			
女	兄	弟	父	女	母		弟	父	女

4단계
p.24

1 ① 靑 ② 白 ③ 山
  ④ 日 ⑤ 月 ⑥ 人

2 ① 날 일 ② 달 월 ③ 푸를 청
  ④ 흰 백 ⑤ 메 산 ⑥ 사람 인

3 ① 白두山 ② 靑소년 ③ 人구
  ④ 白지 ⑤ 내日 ⑥ 月급

4 1. ⑥ 2. ① 3. ②
  4. ③ 5. ④

틀린 그림 찾기

신나는 코딩 놀이

人					
靑					
月					
日					
白					
山					

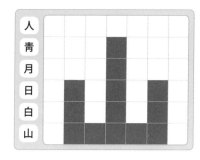

훈 메 음 산

5단계
p.30

1 ① 金 ② 土 ③ 火
  ④ 木 ⑤ 水

2 ① 물 수 ② 쇠 금 / 성 김 ③ 불 화
  ④ 나무 목 ⑤ 흙 토

3 ① 木공 ② 소火기 ③ 홍水
  ④ 황金 ⑤ 국土

4 1. ⑤ 2. ③ 3. ①
  4. ④ 5. ②

틀린 그림 찾기

신나는 코딩 놀이

	화	
	수	

6단계 p.36

1 ❶ 西 ❷ 南 ❸ 國
　 ❹ 東 ❺ 北 ❻ 韓

2 ❶ 한국 한 ❷ 나라 국 ❸ 동녘 동
　 ❹ 서녘 서 ❺ 남녘 남 ❻ 북녘 북

3 ❶ 東풍 ❷ 애國 ❸ 西해
　 ❹ 韓國 ❺ 南대문 ❻ 北상

4 1. ⑤ 2. ④ 3. ②
　 4. ⑥ 5. ③

틀린 그림 찾기

신나는 코딩 놀이

7단계 p.42

1 ❶ 室 ❷ 生 ❸ 校
　 ❹ 學 ❺ 敎 ❻ 先

2 ❶ 배울 학 ❷ 학교 교 ❸ 가르칠 교
　 ❹ 집 실 ❺ 먼저 선 ❻ 날 생

3 ❶ 敎과서 ❷ 방學 ❸ 고生
　 ❹ 병室 ❺ 校문 ❻ 先生님

4 1. ③ 2. ⑤ 3. ⑥
　 4. ① 5. ②

틀린 그림 찾기

신나는 코딩 놀이

(2,4)(6,1) → 敎室

(1,2)(3,6) → 學生　　(1,2)(5,5) → 學校

8단계 p.48

1 ❶ 大 ❷ 上 ❸ 中
　 ❹ 小 ❺ 下 ❻ 外

2 ❶ 윗 상 ❷ 아래 하 ❸ 큰 대
　 ❹ 작을 소 ❺ 가운데 중 ❻ 바깥 외

3 ❶ 야外 ❷ 大회 ❸ 지下
　 ❹ 中國 ❺ 上의 ❻ 小심

4 1. ⑥   2. ④   3. ⑤
4. ③   5. ①

틀린 그림 찾기

신나는 코딩 놀이

❤ 上   ♡ 下

9단계
p.54

1 ❶ 萬   ❷ 長   ❸ 民
❹ 王   ❺ 門   ❻ 軍

2 ❶ 군사 군   ❷ 일만 만   ❸ 문 문
❹ 길 / 어른 장   ❺ 임금 왕   ❻ 백성 민

3 ❶ 창門   ❷ 萬물   ❸ 국民
❹ 용王   ❺ 軍인   ❻ 長점

4 1. ⑤   2. ①   3. ⑥
4. ④   5. ③

틀린 그림 찾기

신나는 코딩 놀이

총정리문제
p.58

1 月

2 西

3 南

4 水

5 民

6 弟

7 小

8 學

9 母

10 下

초판 발행　2024년 7월 20일

저자　　　허은지 · 박진미
발행인　　이기선
발행처　　제이플러스
삽화　　　김효지
등록번호　제10-1680호
등록일자　1998년 12월 9일
주소　　　경기도 고양시 덕양구 향동로 217 KA1312
구입문의　02-332-8320
팩스　　　02-332-8321
홈페이지　www.jplus114.com
ISBN　　 979-11-5601-263-4(63720)